MW01230950

RICETTE PER CUCINARE A BASSA

TEMPERATURA 2021

DELIZIOSE RICETTE PER STUPIRE I TUOI OSPITI

ILARIA DELLA VEDOVA

Sommario

3

4

Polpa di granchio con salsa al burro di lime

Tempo di preparazione + cottura: 70 minuti | Porzioni: 4

ingredienti

6 spicchi d'aglio, tritati
Scorza e succo di ½ lime
1 libbra di polpa di granchio
4 cucchiai di burro

Indicazioni

Preparare un bagnomaria e inserire il Sous Vide. Impostare a 137 F. Unire bene la metà dell'aglio, la scorza di lime e metà del succo di lime. Mettere da parte. Mettere la polpa di granchio, il burro e il lime in un sacchetto sigillabile sottovuoto. Rilasciare l'aria con il metodo dello spostamento dell'acqua, sigillare e immergere la sacca nel bagnomaria. Cuocere per 50 minuti. Una volta che il timer si è fermato, rimuovere la borsa. Eliminare i succhi di cottura.

Riscaldare una casseruola a fuoco medio-basso e versare il burro rimanente, la miscela di lime rimanente e il succo di lime rimanente. Servire il granchio in 4 stampini, cosparsi di burro al lime.

Salmone Speedy North-Style

Tempo di preparazione + cottura: 30 minuti | Porzioni: 4

ingredienti

1 cucchiaio di olio d'oliva

4 filetti di salmone, con la pelle

Sale e pepe nero qb

Scorza e succo di 1 limone

2 cucchiai di senape gialla

2 cucchiaini di olio di sesamo

Indicazioni

Preparare un bagnomaria e posizionarvi sopra il sottovuoto. Impostare su 114 F. Condire il salmone con sale e pepe. Unisci la scorza e il succo di limone, l'olio e la senape. Mettere il salmone in 2 buste sigillabili sottovuoto con il composto di senape. Rilasciare l'aria con il metodo dello spostamento dell'acqua, sigillare e immergere i sacchetti nella vasca da bagno. Cuocere per 20 minuti. Scalda l'olio di sesamo in una padella. Una volta che il timer si è fermato, rimuovere il salmone e asciugarlo tamponando. Trasferisci il salmone nella padella e rosolalo per 30 secondi per lato.

Gustosa trota con senape e salsa tamari

Tempo di preparazione + cottura: 35 minuti | Porzioni: 4

ingredienti

¼ di tazza di olio d'oliva

4 filetti di trota, pelati e affettati

½ tazza di salsa Tamari

¼ di tazza di zucchero di canna chiaro

2 spicchi d'aglio, tritati

1 cucchiaio di senape di Coleman

Indicazioni

Preparare un bagnomaria e posizionarvi sopra il sottovuoto. Impostare su 130 F. Unire la salsa Tamari, lo zucchero di canna, l'olio d'oliva e l'aglio. Mettere le trote in un sacchetto sigillabile sottovuoto con il composto di tamari. Rilasciare l'aria con il metodo dello spostamento dell'acqua, sigillare e immergere la sacca nel bagnomaria. Cuocere per 30 minuti.

Una volta che il timer si è fermato, rimuovere le trote e asciugarle tamponando con carta da cucina. Eliminare i succhi di cottura. Guarnire con salsa tamari e senape per servire.

Tonno al sesamo con salsa allo zenzero

Tempo di preparazione + cottura: 45 minuti | Porzioni: 6

Ingredienti:

Tonno:

3 bistecche di tonno

Sale e pepe nero qb

⅓ tazza di olio d'oliva

2 cucchiai di olio di canola

½ tazza di semi di sesamo nero

½ tazza di semi di sesamo bianco

Salsa allo zenzero:

1 pollice di zenzero, grattugiato

2 scalogni, tritati

1 peperoncino rosso, tritato

3 cucchiai d'acqua

2 ½ succo di lime

1 ½ cucchiaio di aceto di riso

2 ½ cucchiai di salsa di soia

1 cucchiaio di salsa di pesce

1 ½ cucchiaio di zucchero

1 mazzetto di foglie di lattuga verde

Indicazioni:

Inizia con la salsa: metti un pentolino a fuoco basso e aggiungi l'olio d'oliva. Una volta che si è riscaldato, aggiungi lo zenzero e il peperoncino. Cuocere per 3 minuti Aggiungere lo zucchero e l'aceto, mescolare e cuocere fino a quando lo zucchero non si sarà sciolto. Aggiungi dell'acqua e porta a ebollizione. Aggiungere la salsa di soia, la salsa di pesce e il succo di lime e cuocere per 2 minuti. Mettere da parte a raffreddare.

Fare un bagnomaria, inserire il sottovuoto e impostare a 110 F. Condire il tonno con sale e pepe e metterlo in 3 buste sigillate sottovuoto separate. Aggiungere l'olio d'oliva, rilasciare l'aria dal sacchetto con il metodo dello spostamento dell'acqua, sigillare e immergere il sacchetto nel bagnomaria. Imposta il timer per 30 minuti.

Una volta che il timer si è fermato, rimuovere e aprire il sacchetto. Metti da parte il tonno. Metti una padella a fuoco basso e aggiungi l'olio di canola. Mentre riscaldi, mescola i semi di sesamo in una ciotola. Asciugare il tonno, cospargerlo di semi di sesamo e scottare la parte superiore e inferiore in olio riscaldato fino a quando i semi iniziano a tostare.

Tagliate il tonno a listarelle sottili. Disporre un piatto da portata con la lattuga e disporre il tonno sul letto di lattuga. Servire con salsa allo zenzero come antipasto.

Involtini di granchio divino all'aglio e limone

Tempo di preparazione + cottura: 60 minuti | Porzioni: 4

ingredienti

4 cucchiai di burro

1 libbra di polpa di granchio cotta

2 spicchi d'aglio, tritati

Scorza e succo di ½ limone

½ tazza di maionese

1 finocchio, tritato

Sale e pepe nero qb

4 panini, spaccati, oliati e tostati

Indicazioni

Preparare un bagnomaria e posizionarvi sopra il sottovuoto. Impostare su 137 F. Unire l'aglio, la scorza di limone e 1/4 tazza di succo di limone. Mettere la polpa di granchio in un sacchetto richiudibile sottovuoto con burro e limone. Rilasciare l'aria con il metodo dello spostamento dell'acqua, sigillare e immergere la sacca nel bagnomaria. Cuocere per 50 minuti.

Una volta che il timer si è fermato, rimuovere il sacchetto e trasferirlo in una ciotola. Eliminare i succhi di cottura. Unisci la polpa di granchio con il restante succo di limone, maionese, finocchio, aneto, sale e pepe. Riempi gli involtini con la miscela di polpa di granchio prima di servire.

Polpo carbonizzato speziato con salsa al limone

Tempo di preparazione + cottura: 4 ore 15 minuti | Porzioni: 4

ingredienti

5 cucchiai di olio d'oliva

Tentacoli di polpo da 1 libbra

Sale e pepe nero qb

2 cucchiai di succo di limone

1 cucchiaio di scorza di limone

1 cucchiaio di prezzemolo fresco tritato

1 cucchiaino di timo

1 cucchiaio di paprika

Indicazioni

Preparare un bagnomaria e inserire il Sous Vide. Impostare su 179 F. Taglia i tentacoli in pezzi di media grandezza. Condire con sale e pepe. Mettere le lunghezze con olio d'oliva in un sacchetto sigillabile sottovuoto. Rilasciare l'aria con il metodo dello spostamento dell'acqua, sigillare e immergere la sacca nel bagnomaria. Cuocere per 4 ore.

Una volta che il timer si è fermato, rimuovere il polpo e asciugarlo tamponando con carta da cucina. Eliminare i succhi di cottura. Cospargere con olio d'oliva.

Riscaldare una griglia a fuoco medio e rosolare i tentacoli per 10-15 secondi per lato. Mettere da parte. Unire bene il succo di limone, la scorza di limone, la paprika, il timo e il prezzemolo. Ricopri il polpo con il condimento al limone.

Spiedini di gamberi creoli

Tempo di preparazione + cottura: 50 minuti | Porzioni: 4

ingredienti

Scorza e succo di 1 limone

6 cucchiai di burro

2 spicchi d'aglio, tritati

Sale e pepe bianco qb

1 cucchiaio di condimento creolo

1 ½ libbra di gamberi, sgusciati

1 cucchiaio di aneto fresco tritato + per guarnire

spicchi di limone

Indicazioni

Preparare un bagnomaria e inserire il Sous Vide. Impostato su 137 F.

Sciogliere il burro in una casseruola a fuoco medio e aggiungere l'aglio, il condimento creolo, la scorza e il succo di limone, sale e pepe. Cuocere per 5 minuti finché il burro non si sarà sciolto. Mettere da parte e lasciare raffreddare.

Mettere i gamberi in un sacchetto richiudibile sottovuoto con il composto di burro. Rilasciare l'aria con il metodo dello spostamento dell'acqua, sigillare e immergere la sacca nel bagnomaria. Cuocere per 30 minuti.

Una volta che il timer si è fermato, rimuovere i gamberi e asciugarli con carta da cucina. Eliminare i succhi di cottura. Infilare i gamberi sugli spiedini e guarnire con aneto e spremere il limone per servire.

Gamberetti con salsa piccante

Preparazione + Tempo di cottura: 40 minuti + Tempo di raffreddamento | Porzioni: 5

ingredienti

2 libbre di gamberetti, sgusciati e pelati

1 tazza di passata di pomodoro

2 cucchiai di salsa al rafano

1 cucchiaino di succo di limone

1 cucchiaino di salsa Tabasco

Sale e pepe nero qb

Indicazioni

Preparare un bagnomaria e posizionarvi sopra il sottovuoto. Impostare a 137 F. Posizionare i gamberetti in un sacchetto sigillabile sottovuoto. Rilasciare l'aria con il metodo dello spostamento dell'acqua, sigillare e immergere la sacca nella vasca da bagno. Cuocere per 30 minuti.

Una volta che il timer si è fermato, rimuovere il sacchetto e trasferirlo in un bagno di acqua ghiacciata per 10 minuti. Lasciar raffreddare in frigorifero per 1-6 ore. Unire bene la passata di pomodoro, la salsa di rafano, la salsa di soia, il succo di limone, la salsa Tabasco, sale e pepe. Servire i gamberi con la salsa.

Halibut con scalogno e dragoncello

Tempo di preparazione + cottura: 50 minuti | Porzioni: 2

Ingredienti:

2 libbre di filetti di halibut

3 rametti di foglie di dragoncello

1 cucchiaino di aglio in polvere

1 cucchiaino di cipolla in polvere

Sale e pepe bianco qb

2 ½ cucchiaini + 2 cucchiaini di burro

2 scalogni, pelati e tagliati a metà

2 rametti di timo

Spicchi di limone per guarnire

Indicazioni:

Fare un bagnomaria, inserire il Sous Vide e impostare a 124 F. Tagliare i filetti di halibut in 3 pezzi ciascuno e strofinare con sale, aglio in polvere, cipolla in polvere e pepe. Mettere i filetti, il dragoncello e 2 cucchiaini e mezzo di burro in 3 diversi sacchetti richiudibili sottovuoto. Rilasciare l'aria con il metodo dello spostamento dell'acqua e sigillare i sacchetti. Metterli a bagnomaria e cuocere per 40 minuti.

Una volta che il timer si è fermato, rimuovere e aprire i sacchetti. Mettere una padella a fuoco basso e aggiungere il burro rimanente. Una volta riscaldato, rimuovere la pelle degli halibuts e asciugare tamponando. Aggiungere gli halibuts con scalogno e timo e rosolare il fondo e la parte superiore fino a renderli croccanti. Guarnire con spicchi di limone. Servire con un contorno di verdure al vapore.

Burro alle Erbe Limone Cod

Tempo di preparazione + cottura: 37 minuti | Porzioni: 6

ingredienti

8 cucchiai di burro

6 filetti di merluzzo

Sale e pepe nero qb

Scorza di ½ limone

1 cucchiaio di aneto fresco tritato

½ cucchiaio di erba cipollina fresca tritata

½ cucchiaio di basilico fresco tritato

½ cucchiaio di salvia fresca tritata

Indicazioni

Preparare un bagnomaria e inserire il Sous Vide. Impostare a 134 F. Condire il merluzzo con sale e pepe. Mettere il baccalà e la scorza di limone in un sacchetto richiudibile sottovuoto.

In un sacchetto sigillato sottovuoto separato, mettere il burro, metà dell'aneto, l'erba cipollina, il basilico e la salvia. Rilasciare l'aria con il metodo dello spostamento dell'acqua, sigillare e immergere entrambe le sacche nel bagnomaria. Cuocere per 30 minuti.

Una volta che il timer si è fermato, rimuovere il merluzzo e asciugarlo tamponando con carta da cucina. Eliminare i succhi di cottura. Togliere il burro dall'altra busta e versarvi sopra il baccalà. Guarnire con l'aneto rimasto.

Cernia con Burro Nantais

Tempo di preparazione + cottura: 45 minuti | Porzioni: 6

Ingredienti:

Cernia:

2 libbre di cernia, tagliata in 3 pezzi ciascuno

1 cucchiaino di cumino in polvere

½ cucchiaino di aglio in polvere

½ cucchiaino di cipolla in polvere

½ cucchiaino di coriandolo in polvere

¼ tazza di condimento di pesce

¼ di tazza di olio di noci pecan

Sale e pepe bianco qb

Beurre Blanc:

1 libbra di burro

2 cucchiai di aceto di mele

2 scalogni, tritati

1 cucchiaino di pepe in grani, schiacciato

150 g di panna,

Sale qb

2 rametti di aneto

1 cucchiaio di succo di limone

1 cucchiaio di zafferano in polvere

Indicazioni:

Fare un bagnomaria, inserire il sottovuoto e impostare a 132 F. Condire i pezzi di cernia con sale e pepe bianco. Mettere in un sacchetto sigillabile sottovuoto, rilasciare l'aria con il metodo dello spostamento dell'acqua, sigillare e immergere il sacchetto nel bagnomaria. Imposta il timer per 30 minuti. Mescolare il cumino, l'aglio, la cipolla, il coriandolo e il condimento di pesce. Mettere da parte.

Nel frattempo, prepara il beurre blanc. Mettere una padella a fuoco medio e aggiungere lo scalogno, l'aceto e i grani di pepe. Cuocere per ottenere uno sciroppo. Ridurre la fiamma al minimo e aggiungere il burro, sbattendo continuamente. Aggiungere l'aneto, il succo di limone e lo zafferano in polvere, mescolare continuamente e cuocere per 2 minuti. Aggiungere la panna e aggiustare di sale. Cuocere per 1 minuto. Spegnete il fuoco e mettete da parte.

Una volta che il timer si è fermato, rimuovere e aprire il sacchetto. Metti una padella a fuoco medio, aggiungi l'olio di noci pecan. Asciugare la cernia e il condimento con il composto di spezie e rosolarle nell'olio riscaldato. Servire la cernia e il beurre nantais con un contorno di spinaci al vapore.

Fiocchi Di Tonno

Tempo di preparazione + cottura: 1 ora e 45 minuti | Porzioni: 4

Ingredienti:

¼ libbra di bistecca di tonno

1 cucchiaino di foglie di rosmarino

1 cucchiaino di foglie di timo

2 tazze di olio d'oliva

1 spicchio d'aglio, tritato

Indicazioni:

Fare un bagnomaria, inserire il Sous Vide e impostare a 135 F. Mettere la bistecca di tonno, il sale, il rosmarino, l'aglio, il timo e due cucchiai di olio nel sacchetto sigillabile sottovuoto. Rilasciare l'aria con il metodo dello spostamento dell'acqua, sigillare e immergere la sacca nel bagnomaria. Imposta il timer per 1 ora e 30 minuti.

Una volta che il timer si è fermato, rimuovere la borsa. Mettete il tonno in una ciotola e mettete da parte. Mettere una padella a fuoco vivo, aggiungere il restante olio d'oliva. Una volta che si sarà riscaldato, versateci sopra il tonno. Sfaldare il tonno utilizzando due forchette. Trasferire e conservare in un contenitore ermetico con olio d'oliva per un massimo di una settimana. Servire in insalata.

Capesante Al Burro

Tempo di preparazione + cottura: 55 minuti | Porzioni: 3

Ingredienti:

½ libbra di capesante

3 cucchiaini di burro (2 cucchiaini per cucinare + 1 cucchiaino per rosolare)

Sale e pepe nero qb

Indicazioni:

Fare un bagnomaria, inserire il Sous Vide e impostare a 140 F. Asciugare le capesante con un tovagliolo di carta. Mettere le capesante, il sale, 2 cucchiai di burro e il pepe in un sacchetto sigillabile sottovuoto. Rilasciare l'aria con il metodo dello spostamento dell'acqua, sigillare e immergere la sacca nel bagnomaria e impostare il timer per 40 minuti.

Una volta che il timer si è fermato, rimuovere e aprire il sacchetto. Asciugare le capesante con un tovagliolo di carta e mettere da parte. Metti una padella a fuoco medio e il burro rimanente. Una volta sciolte, rosolare le capesante su entrambi i lati fino a dorarle. Servire con un contorno di verdure miste imburrate.

Sardine alla menta

Tempo di preparazione + cottura: 1 ora e 20 minuti | Porzioni: 3

Ingredienti:

2 libbre di sarde

¼ di tazza di olio d'oliva

3 spicchi d'aglio, schiacciati

1 limone grande, appena spremuto

2 rametti di menta fresca

Sale e pepe nero qb

Indicazioni:

Lavare e pulire ogni pesce ma conservare la pelle. Asciugare con carta da cucina.

In una grande ciotola, unisci l'olio d'oliva con l'aglio, il succo di limone, la menta fresca, il sale e il pepe. Mettere le sarde in un grande sacchetto sigillabile sottovuoto insieme alla marinata. Cuocere a bagnomaria per un'ora a 104 F. Togliere dal bagno e scolare ma riservare la salsa. Condire il pesce con salsa e porro al vapore.

Orata al vino bianco

Tempo di preparazione + cottura: 2 ore | Porzioni: 2

Ingredienti:

1 libbra di orata, spessa circa 1 pollice, pulita

1 tazza di olio extravergine d'oliva

1 limone, spremuto

1 cucchiaio di zucchero

1 cucchiaio di rosmarino essiccato

½ cucchiaio di origano essiccato

2 spicchi d'aglio, schiacciati

½ bicchiere di vino bianco

1 cucchiaino di sale marino

Indicazioni:

Unisci l'olio d'oliva con il succo di limone, lo zucchero, il rosmarino, l'origano, l'aglio schiacciato, il vino e il sale in una grande ciotola. Immergete il pesce in questa miscela e fatelo marinare per un'ora in frigorifero. Togliere dal frigorifero e scolare ma riservare il liquido per servire. Mettere i filetti in un grande sacchetto sigillabile sottovuoto e sigillare. Cuocere en Sous Vide per 40 minuti a 122 F. Condire la marinata rimanente sui filetti e servire.

Insalata di salmone e cavolo con avocado

Tempo di preparazione + cottura: 1 ora | Porzioni: 3

Ingredienti:

Filetto di salmone senza pelle da 1 libbra

Sale e pepe nero qb

½ limone biologico, spremuto

1 cucchiaio di olio d'oliva

1 tazza di foglie di cavolo, sminuzzate

½ tazza di carote arrosto, affettate

½ avocado maturo, tagliato a cubetti

1 cucchiaio di aneto fresco

1 cucchiaio di foglie di prezzemolo fresco

Indicazioni:

Condire il filetto con sale e pepe su entrambi i lati e metterlo in un ampio sacchetto sigillabile sottovuoto. Sigillare la busta e cuocere en sous vide per 40 minuti a 122 F. Rimuovere il salmone da un bagnomaria e metterlo da parte.

Sbatti insieme il succo di limone, un pizzico di sale e il pepe nero in una terrina e aggiungi gradualmente l'olio d'oliva mescolando continuamente. Aggiungere il cavolo tritato e mescolare per ricoprire uniformemente con la vinaigrette. Aggiungi le carote arrostite, gli avocado, l'aneto e il prezzemolo. Gira delicatamente per amalgamare. Trasferire in una ciotola da portata e servire con sopra il salmone.

Gingery Salmon

Tempo di preparazione + cottura: 45 minuti | Porzioni: 4

Ingredienti:

4 filetti di salmone, con la pelle

2 cucchiaini di olio di sesamo

1 ½ olio d'oliva

2 cucchiai di zenzero grattugiato

2 cucchiai di zucchero

Indicazioni:

Fare un bagnomaria, posizionare il Sous Vide e impostare a 124F. Condire il salmone con sale e pepe. Metti il restante ingrediente elencato in una ciotola e mescola.

Mettere la miscela di salmone e zucchero in due sacchetti sigillabili sottovuoto, rilasciare aria con il metodo dello spostamento dell'acqua, sigillare e immergere il sacchetto nel bagnomaria. Imposta il timer per 30 minuti.

Una volta che il timer si è fermato, rimuovere e aprire il sacchetto. Mettere una padella a fuoco medio, posizionare un pezzo di carta forno sul fondo e preriscaldare. Aggiungere il salmone, pelare e rosolare per 1 minuto ciascuno. Servire con un contorno di broccoli imburrati.

Cozze in succo di lime fresco

Tempo di preparazione + cottura: 40 minuti | Porzioni: 2

Ingredienti:

1 libbra di cozze fresche, sbucciate

1 cipolla di media grandezza, sbucciata e tritata finemente

Spicchi d'aglio, schiacciati

½ tazza di succo di lime appena spremuto

¼ di tazza di prezzemolo fresco, tritato finemente

1 cucchiaio di rosmarino tritato finemente

2 cucchiai di olio d'oliva

Indicazioni:

Mettere le cozze insieme al succo di lime, l'aglio, la cipolla, il prezzemolo, il rosmarino e l'olio d'oliva in un grande sacchetto richiudibile sottovuoto. Cuocere en Sous Vide per 30 minuti a 122 F. Servire con insalata verde.

Bistecche di tonno marinate alle erbe

Tempo di preparazione + cottura: 1 ora e 25 minuti | Porzioni: 5

Ingredienti:

2 libbre di bistecche di tonno, spesse circa 1 pollice

1 cucchiaino di timo essiccato, macinato

1 cucchiaino di basilico fresco, tritato finemente

¼ di tazza di scalogno tritato finemente

2 cucchiai di prezzemolo fresco, tritato finemente

1 cucchiaio di aneto fresco, tritato finemente

1 cucchiaino di scorza di limone grattugiata fresca

½ tazza di semi di sesamo

4 cucchiai di olio d'oliva

Sale e pepe nero qb

Indicazioni:

Lavate i filetti di tonno sotto l'acqua corrente fredda e asciugateli con carta da cucina. Mettere da parte.

In una grande ciotola, unisci timo, basilico, scalogno, prezzemolo, aneto, olio, sale e pepe. Mescolare fino a quando ben incorporato e poi immergere le bistecche in questa marinata. Rivestire bene e conservare in frigorifero per 30 minuti.

Mettere le bistecche in un grande sacchetto sigillabile sottovuoto insieme alla marinata. Premere il sacchetto per rimuovere l'aria e sigillare il coperchio. Cuocere en Sous Vide per 40 minuti a 131 gradi.

Rimuovere le bistecche dal sacchetto e trasferirle su carta da cucina. Asciugare delicatamente e rimuovere le erbe. Preriscalda una padella ad alta temperatura. Arrotolare le bistecche nei semi di sesamo e trasferirle nella padella. Cuocere per 1 minuto su ogni lato e togliere dal fuoco.

Polpette di polpa di granchio

Tempo di preparazione + cottura: 65 minuti | Porzioni: 4

Ingredienti:

1 libbra di polpa di granchio

1 tazza di cipolle rosse, tritate finemente

½ tazza di peperoni rossi, tritati finemente

2 cucchiai di peperoncino, tritato finemente

1 cucchiaio di foglie di sedano, tritate finemente

1 cucchiaio di foglie di prezzemolo tritate finemente

½ cucchiaino di dragoncello, tritato finemente

Sale e pepe nero qb

4 cucchiai di olio d'oliva

2 cucchiai di farina di mandorle

3 uova sbattute

Indicazioni:

Scaldare 2 cucchiai di olio d'oliva in una padella e aggiungere le cipolle. Saltare in padella fino a quando non diventa traslucido e aggiungere i peperoni rossi tritati e il peperoncino. Cuocere per 5 minuti, mescolando continuamente.

Trasferisci in una ciotola capiente. Aggiungere la polpa di granchio, il sedano, il prezzemolo, il dragoncello, il sale, il pepe, la farina di mandorle e le uova. Mescolare bene e modellare il composto in polpette di 2 pollici di diametro. Dividete delicatamente le polpette tra 2 buste sigillabili sottovuoto e sigillatele. Cuocere sottovuoto per 40 minuti a 122 F.

Scaldare il restante olio d'oliva in una padella antiaderente, a fuoco alto. Rimuovere le polpette dal bagnomaria e trasferirle in una padella. Fate rosolare brevemente su entrambi i lati per 3-4 minuti e servite.

Chili Smelts

Tempo di preparazione + cottura: 1 ora e 15 minuti | Porzioni: 5

Ingredienti:

1 libbra di fondenti freschi

½ tazza di succo di limone

3 spicchi d'aglio, schiacciati

1 cucchiaino di sale

1 tazza di olio extravergine d'oliva

2 cucchiai di aneto fresco, tritato finemente

1 cucchiaio di erba cipollina tritata

1 cucchiaio di peperoncino, macinato

Indicazioni:

Sciacquare gli smelts sotto l'acqua corrente fredda e scolarli. Mettere da parte.

In una grande ciotola, unire l'olio d'oliva con il succo di limone, l'aglio schiacciato, il sale marino, l'aneto tritato finemente, l'erba cipollina tritata e il peperoncino. Mettere gli smelts in questa miscela e coprire. Mettete in frigo per 20 minuti.

Togliete dal frigorifero e mettete in un grande sacchetto sigillabile sottovuoto insieme alla marinata. Cuocere sottovuoto per 40 minuti a 104 F. Togliere dal bagnomaria e scolare ma riservare il liquido.

Riscalda una padella grande a fuoco medio. Aggiungere gli smelts e cuocere brevemente, per 3-4 minuti, rigirandoli. Togliere dal fuoco e trasferire su un piatto da portata. Condire con la marinata e servire immediatamente.

Filetti Di Pesce Gatto Marinati

Tempo di preparazione + cottura: 1 ora e 20 minuti | Porzioni: 3

Ingredienti:

Filetto di pesce gatto da 1 libbra

½ tazza di succo di limone

½ tazza di foglie di prezzemolo tritate finemente

2 spicchi d'aglio, schiacciati

1 tazza di cipolle, tritate finemente

1 cucchiaio di aneto fresco, tritato finemente

1 cucchiaio di foglie di rosmarino fresco, tritate finemente

2 tazze di succo di mela appena spremuto

2 cucchiai di senape di Digione

1 tazza di olio extravergine d'oliva

Indicazioni:

In una grande ciotola, unire il succo di limone, le foglie di prezzemolo, l'aglio schiacciato, le cipolle tritate finemente, l'aneto fresco, il rosmarino, il succo di mela, la senape e l'olio d'oliva. Sbatti insieme fino a quando non sono ben incorporati. Immergere i filetti in questa miscela e coprire con un coperchio ermetico. Mettete in frigo per 30 minuti.

Togliete dal frigorifero e mettete in 2 buste sigillabili sottovuoto. Sigillare e cuocere sottovuoto per 40 minuti a 122 F. Rimuovere e scolare; riservare il liquido. Servire irrorato con il proprio liquido.

Gamberi al prezzemolo al limone

Tempo di preparazione + cottura: 35 minuti | Porzioni: 4

Ingredienti:

12 gamberi grandi, pelati e puliti

1 cucchiaino di sale

1 cucchiaino di zucchero

3 cucchiaini di olio d'oliva

1 foglia di alloro

1 rametto di prezzemolo tritato

2 cucchiai di scorza di limone

1 cucchiaio di succo di limone

Indicazioni:

Fare un bagnomaria, inserire il Sous Vide e impostare a 156 F. In una ciotola, aggiungere i gamberi, il sale e lo zucchero, mescolare e lasciar riposare per 15 minuti. Mettere i gamberi, la foglia di alloro, l'olio d'oliva e la scorza di limone in un sacchetto sigillabile sottovuoto. Rilasciare l'aria con il metodo dello spostamento dell'acqua e sigillare. Immergere nella vasca da bagno e cuocere per 10 minuti. Una volta che il timer si è fermato, rimuovere e aprire il sacchetto. Piatto di gamberi e condire con succo di limone.

Sous Vide Halibut

Tempo di preparazione + cottura: 1 ora e 20 minuti | Porzioni: 4

Ingredienti:

1 libbra di filetti di halibut

3 cucchiai di olio d'oliva

¼ tazza di scalogno, tritato finemente

1 cucchiaino di scorza di limone grattugiata fresca

½ cucchiaino di timo essiccato, macinato

1 cucchiaio di prezzemolo fresco, tritato finemente

1 cucchiaino di aneto fresco, tritato finemente

Sale e pepe nero qb

Indicazioni:

Lavate il pesce sotto l'acqua corrente fredda e asciugatelo con carta da cucina. Tagliare a fettine sottili generosamente cospargere di sale e pepe. Mettere in una busta grande sottovuoto e aggiungere due cucchiai di olio d'oliva. Condire con scalogno, timo, prezzemolo, aneto, sale e pepe.

Premere il sacchetto per rimuovere l'aria e sigillare il coperchio. Agitare la busta per ricoprire tutti i filetti con le spezie e conservare in frigorifero per 30 minuti prima della cottura. Cuocere sottovuoto per 40 minuti a 131 F.

Togli il sacchetto dall'acqua e mettilo da parte a raffreddare per un po '. Adagiatele su carta assorbente e scolatele. Elimina le erbe.

Preriscaldare l'olio rimanente in un'ampia padella a temperatura elevata. Aggiungere i filetti e cuocere per 2 minuti. Capovolgere i filetti e cuocere per circa 35-40 secondi, quindi togliere dal fuoco. Trasferisci di nuovo il pesce su un tovagliolo di carta e rimuovi il grasso in eccesso. Servite subito.

Sogliola al burro al limone

Tempo di preparazione + cottura: 45 minuti | Porzioni: 3

Ingredienti:

3 filetti di sogliola

1 cucchiaio e mezzo di burro non salato

¼ di tazza di succo di limone

½ cucchiaino di scorza di limone

Pepe al limone qb

1 rametto di prezzemolo per guarnire

Indicazioni:

Fare un bagnomaria, inserire il Sous Vide e impostare a 132 F. Asciugare la suola e metterla in 3 sacchetti sigillati sottovuoto separati. Rilasciare l'aria con il metodo dello spostamento dell'acqua e sigillare i sacchetti. Immergere nel bagnomaria e impostare il timer per 30 minuti.

Mettere una piccola padella a fuoco medio, aggiungere il burro. Una volta che si sarà sciolto, togliere dal fuoco. Aggiungere il succo di limone e la scorza di limone e mescolare.

Una volta che il timer si è fermato, rimuovere e aprire il sacchetto. Trasferire i filetti di sogliola nei piatti da portata, cospargere di salsa al burro e guarnire con prezzemolo. Servire con un contorno di verdure verdi al vapore.

Stufato di merluzzo al basilico

Tempo di preparazione + cottura: 50 minuti | Porzioni: 4

Ingredienti:

1 libbra di filetto di merluzzo

1 tazza di pomodori arrostiti al fuoco

1 cucchiaio di basilico essiccato

1 tazza di brodo di pesce

2 cucchiai di concentrato di pomodoro

3 gambi di sedano, tritati finemente

1 carota, affettata

¼ di tazza di olio d'oliva

1 cipolla, tritata finemente

½ tazza di funghi champignon

Indicazioni:

Scaldare l'olio d'oliva in una padella capiente, a fuoco medio. Aggiungi il sedano, le cipolle e la carota. Saltare in padella per 10 minuti. Togliete dal fuoco e trasferite in un sacchetto sigillabile sottovuoto insieme agli altri ingredienti. Cuocere sottovuoto per 40 minuti a 122 F.

Tilapia facile

Tempo di preparazione + cottura: 1 ora e 10 minuti | Porzioni: 3

ingredienti

3 (4 oz) filetti di tilapia
3 cucchiai di burro
1 cucchiaio di aceto di mele
Sale e pepe nero qb

Indicazioni:

Fare un bagnomaria, inserire il Sous Vide e impostare a 124 F. Condire la tilapia con pepe e sale e metterla in un sacchetto sigillabile sottovuoto. Rilasciare l'aria con il metodo dello spostamento dell'acqua e sigillare il sacchetto. Immergilo nel bagnomaria e imposta il timer per 1 ora.

Una volta che il timer si è fermato, rimuovere e aprire il sacchetto. Metti una padella a fuoco medio e aggiungi burro e aceto. Cuocere a fuoco lento e mescolare continuamente per ridurre della metà l'aceto. Aggiungere la tilapia e rosolare leggermente. Condite con sale e pepe a piacere. Servire con un contorno di verdure imburrate.

Salmone con Asparagi

Tempo di preparazione + cottura: 3 ore 15 minuti | Porzioni: 6

Ingredienti:

Filetto di salmone selvatico da 1 libbra

1 cucchiaio di olio d'oliva

1 cucchiaio di origano essiccato

12 lance di asparagi medie

4 anelli di cipolla bianca

1 cucchiaio di prezzemolo fresco

Sale e pepe nero qb

Indicazioni:

Condire il filetto con origano, sale e pepe su entrambi i lati e spennellare leggermente con olio d'oliva.

Mettere in una capiente chiusura sottovuoto insieme agli altri ingredienti. Unisci tutte le spezie in una terrina. Strofinare uniformemente il composto su entrambi i lati della bistecca e metterlo in un grande sacchetto sigillabile sottovuoto. Sigillare la busta e cuocere sottovuoto per 3 ore a 136 F.

Sgombro al curry

Tempo di preparazione + cottura: 55 minuti | Porzioni: 3

Ingredienti:

3 filetti di sgombro, teste private

3 cucchiai di pasta di curry

1 cucchiaio di olio d'oliva

Sale e pepe nero qb

Indicazioni:

Fare un bagnomaria, inserire il Sous Vide e impostare a 120 F. Condire lo sgombro con pepe e sale e metterlo in un sacchetto sigillabile sottovuoto. Rilasciare l'aria con il metodo dello spostamento dell'acqua, sigillarla e immergerla nel bagnomaria e impostare il timer per 40 minuti.

Una volta che il timer si è fermato, rimuovere e aprire il sacchetto. Metti una padella a fuoco medio, aggiungi l'olio d'oliva. Ricoprire lo sgombro con il curry in polvere (non tamponare lo sgombro per asciugarlo)

Una volta che si è riscaldato, aggiungere lo sgombro e rosolare fino a doratura. Servire con un contorno di verdure a foglia verde al vapore.

Calamari al rosmarino

Tempo di preparazione + cottura: 1 ora e 15 minuti | Porzioni: 3

Ingredienti:

1 libbra di calamari freschi, interi

½ tazza di olio extravergine di oliva

1 cucchiaio di sale rosa dell'Himalaya

1 cucchiaio di rosmarino essiccato

3 spicchi d'aglio, schiacciati

3 pomodorini, tagliati a metà

Indicazioni:

Sciacquare accuratamente ogni calamaro sotto l'acqua corrente. Usando un coltello da cucina affilato, rimuovere le teste e pulire ogni calamaro.

In una grande ciotola, unire l'olio d'oliva con il sale, il rosmarino essiccato, i pomodorini e l'aglio schiacciato. Immergere i calamari in questa miscela e conservare in frigorifero per 1 ora. Quindi rimuovere e scolare. Mettere calamari e pomodorini in un grande sacchetto richiudibile sottovuoto. Cuocere en sous vide per un'ora a 136 F.

Gamberetti Fritti Al Limone

Tempo di preparazione + cottura: 50 minuti | Porzioni: 3

Ingredienti:

1 libbra di gamberetti, pelati e puliti
3 cucchiai di olio d'oliva
½ tazza di succo di limone appena spremuto
1 spicchio d'aglio, schiacciato
1 cucchiaino di rosmarino fresco, schiacciato
1 cucchiaino di sale marino

Indicazioni:

Unisci l'olio d'oliva con il succo di limone, l'aglio schiacciato, il rosmarino e il sale. Utilizzando uno spazzolino da cucina, distribuire il composto su ogni gambero e metterlo in un grande sacchetto sigillabile sottovuoto. Cuocere sottovuoto per 40 minuti a 104 F.

Polpo alla griglia

Tempo di preparazione + cottura: 5 ore 20 minuti | Porzioni: 3

Ingredienti:

½ libbra di tentacoli di polpo medi, sbollentati

Sale e pepe nero qb

3 cucchiaini + 3 cucchiai di olio d'oliva

2 cucchiaini di origano essiccato

2 rametti di prezzemolo fresco, tritato

Ghiaccio per un bagno di ghiaccio

Indicazioni:

Fare un bagnomaria, inserire il Sous Vide e impostare a 171 F.

Mettere il polpo, il sale, 3 cucchiaini di olio d'oliva e il pepe in un sacchetto sigillabile sottovuoto. Rilasciare l'aria con il metodo dello spostamento dell'acqua, sigillare e immergere la sacca a bagnomaria. Imposta il timer per 5 ore.

Una volta che il timer si è fermato, rimuovere la borsa e coprire in un bagno di ghiaccio. Mettere da parte. Preriscalda una griglia.

Una volta che la griglia è calda, trasferire il polpo in un piatto, aggiungere 3 cucchiai di olio d'oliva e massaggiare. Grigliare il polpo per carbonizzarlo bene su ogni lato. Impiattare il polpo e guarnire con prezzemolo e origano. Servire con una salsa dolce e speziata.

Bistecche Di Salmone Selvatico

Tempo di preparazione + cottura: 1 ora e 25 minuti | Porzioni: 4

Ingredienti:

2 libbre di bistecche di salmone selvatico

3 spicchi d'aglio, schiacciati

1 cucchiaio di rosmarino fresco, tritato finemente

1 cucchiaio di succo di limone appena spremuto

1 cucchiaio di succo d'arancia appena spremuto

1 cucchiaino di scorza d'arancia

1 cucchiaino di sale rosa dell'Himalaya

1 tazza di brodo di pesce

Indicazioni:

Unisci il succo d'arancia con il succo di limone, il rosmarino, l'aglio, la scorza d'arancia e il sale. Spennellate il composto su ogni bistecca e mettete in frigorifero per 20 minuti. Trasferire in un grande sacchetto sigillabile sottovuoto e aggiungere il brodo di pesce. Sigillare la busta e cuocere sottovuoto per 50 minuti a 131 F.

Preriscalda una grande padella antiaderente. Rimuovere le bistecche dalla busta richiudibile sottovuoto e grigliare per 3 minuti su ogni lato, fino a quando saranno leggermente carbonizzate.

Stufato di tilapia

Tempo di preparazione + cottura: 65 minuti | Porzioni: 3

Ingredienti:

Filetti di tilapia da 1 libbra

½ tazza di cipolle, tritate finemente

1 tazza di carote, tritate finemente

½ tazza di foglie di coriandolo, tritate finemente

3 spicchi d'aglio, tritati finemente

1 tazza di peperoni verdi, tritati finemente

1 cucchiaino di miscela di condimento italiano

1 cucchiaino di pepe di cayenna

½ cucchiaino di peperoncino

1 tazza di succo di pomodoro fresco

Sale e pepe nero qb

3 cucchiai di olio d'oliva

Indicazioni:

Scaldare l'olio d'oliva a fuoco medio. Aggiungere le cipolle tritate e saltare in padella fino a quando non diventano traslucide.

Ora aggiungi il peperone, le carote, l'aglio, il coriandolo, il condimento italiano, il pepe di Cayenna, il peperoncino, il sale e il pepe nero. Mescola bene e cuoci per altri dieci minuti.

Togliere dal fuoco e trasferire in un grande sacchetto sigillabile sottovuoto insieme al succo di pomodoro e ai filetti di tilapia. Cuocere sottovuoto per 50 minuti a 122 F. Togliere dal bagnomaria e servire.

Vongole al burro con pepe in grani

Tempo di preparazione + cottura: 1 ora e 30 minuti | Porzioni: 2

Ingredienti:

4 once di vongole in scatola

¼ di tazza di vino bianco secco

1 gambo di sedano tagliato a dadini

1 pastinaca a dadini

1 scalogno tagliato in quarti

1 foglia di alloro

1 cucchiaio di pepe nero in grani

1 cucchiaio di olio d'oliva

8 cucchiai di burro, temperatura ambiente

1 cucchiaio di prezzemolo fresco tritato

2 spicchi d'aglio, tritati

Sale qb

1 cucchiaino di pepe nero appena spezzato

¼ di tazza di pangrattato panko

1 baguette, affettata

Indicazioni:

Preparare un bagnomaria e inserire il Sous Vide. Impostare a 154 F. Mettere le vongole, lo scalogno, il sedano, la pastinaca, il vino, i grani di pepe, l'olio d'oliva e la foglia di alloro in un sacchetto sigillabile sotto vuoto. Rilasciare l'aria con il metodo dello spostamento dell'acqua, sigillare e immergere la sacca nel bagnomaria. Cuocere per 60 minuti.

Con un frullatore versate il burro, il prezzemolo, il sale, l'aglio e il pepe macinato. Mescolare a velocità media fino a quando combinato. Metti il composto in un sacchetto di plastica e arrotolalo. Mettete in frigo e lasciate raffreddare.

Una volta che il timer si è fermato, rimuovi la lumaca e le verdure. Eliminare i succhi di cottura. Riscalda una padella a fuoco alto. Ricoprire le vongole con il burro, cospargere di pangrattato e cuocere per 3 minuti fino a quando non si saranno sciolte. Servire con fette di baguette calde.

Trota Coriandolo

Tempo di preparazione + cottura: 60 minuti | Porzioni: 4

Ingredienti:

2 libbre di trota, 4 pezzi

5 spicchi d'aglio

1 cucchiaio di sale marino

4 cucchiai di olio d'oliva

1 tazza di foglie di coriandolo, tritate finemente

2 cucchiai di rosmarino tritato finemente

¼ di tazza di succo di limone appena spremuto

Indicazioni:

Pulite e risciacquate bene il pesce. Asciugare con carta da cucina e strofinare con sale. Unisci l'aglio con l'olio d'oliva, il coriandolo, il rosmarino e il succo di limone. Usa la miscela per riempire ogni pesce. Mettere in un sacchetto sigillato sottovuoto separato e sigillare. Cuocere en Sous Vide per 45 minuti a 131 F.

Anelli di calamari

Tempo di preparazione + cottura: 1 ora e 25 minuti | Porzioni: 3

Ingredienti:

2 tazze di anelli di calamaro

1 cucchiaio di rosmarino fresco

Sale e pepe nero qb

½ tazza di olio d'oliva

Indicazioni:

Unisci gli anelli di calamaro con rosmarino, sale, pepe e olio d'oliva in un grande sacchetto di plastica pulito. Sigilla la busta e agita un paio di volte per ricoprire bene. Trasferire in una grande busta richiudibile sottovuoto e sigillare. Cuocere sottovuoto per 1 ora e 10 minuti a 131 F. Togliere dal bagnomaria e servire.

Insalata di gamberi e avocado al peperoncino

Tempo di preparazione + cottura: 45 minuti | Porzioni: 4

Ingredienti:

1 cipolla rossa tritata

Succo di 2 lime

1 cucchiaino di olio d'oliva

¼ di cucchiaino di sale marino

⅛ cucchiaino di pepe bianco

1 libbra di gamberetti crudi, pelati e sgusciati

1 pomodoro a cubetti

1 avocado a dadini

1 peperoncino verde, privato dei semi e tagliato a dadini

1 cucchiaio di coriandolo tritato

Indicazioni:

Preparare un bagnomaria e inserire il Sous Vide. Impostato su 148 F.

Mettere il succo di lime, la cipolla rossa, il sale marino, il pepe bianco, l'olio d'oliva e i gamberi in un sacchetto sigillabile sottovuoto. Rilasciare l'aria con il metodo dello spostamento dell'acqua, sigillare e immergere la sacca nel bagnomaria. Cuocere per 24 minuti.

Una volta che il timer si è fermato, rimuovere il sacchetto e trasferirlo in un bagno di acqua ghiacciata per 10 minuti. In una ciotola, unisci il pomodoro, l'avocado, il peperoncino verde e il coriandolo. Versare sopra il contenuto della busta.

Dentice al burro con salsa di agrumi e zafferano

Tempo di preparazione + cottura: 55 minuti | Porzioni: 4

ingredienti

4 pezzi di dentice pulito

2 cucchiai di burro

Sale e pepe nero qb

Per Salsa Di Agrumi

1 limone

1 pompelmo

1 lime

3 arance

1 cucchiaino di senape di Digione

2 cucchiai di olio di canola

1 cipolla gialla

1 zucchina a dadini

1 cucchiaino di zafferano in fili

1 cucchiaino di peperoncino a dadini

1 cucchiaio di zucchero

3 tazze di brodo di pesce

3 cucchiai di coriandolo tritato

Indicazioni

Preparare un bagnomaria e inserire il Sous Vide. Impostare a 132 F. Condire i filetti di dentice con sale e pepe e metterli in un sacchetto sigillabile sottovuoto. Rilasciare l'aria con il metodo dello spostamento dell'acqua, sigillare e immergere la sacca nel bagnomaria. Cuocere per 30 minuti.

Pelare la frutta e tagliarla a cubetti. Scaldare l'olio in una padella a fuoco medio e mettere la cipolla e le zucchine. Rosolare per 2-3 minuti. Aggiungere la frutta, lo zafferano, il pepe, la senape e lo zucchero. Cuocere ancora per 1 minuto. Mescolare il brodo di pesce e cuocere a fuoco lento per 10 minuti. Guarnire con coriandolo e mettere da parte. Una volta che il timer si è fermato, rimuovere il pesce e trasferirlo su un piatto. Glassare con salsa agli agrumi-zafferano e servire.

Filetto di merluzzo in crosta di sesamo

Tempo di preparazione + cottura: 45 minuti | Porzioni: 2

ingredienti

1 filetto di merluzzo grande

2 cucchiai di pasta di sesamo

1 ½ cucchiaio di zucchero di canna

2 cucchiai di salsa di pesce

2 cucchiai di burro

semi di sesamo

Indicazioni

Preparare un bagnomaria e inserire il Sous Vide. Impostato su 131 F.

Mettere a bagno il merluzzo con lo zucchero di canna, la pasta di sesamo e la salsa di pesce. Mettere in un sacchetto sigillabile sottovuoto. Rilasciare l'aria con il metodo dello spostamento dell'acqua, sigillare e immergere la sacca nel bagnomaria. Cuocere per 30 minuti. Sciogliere il burro in una padella a fuoco medio.

Una volta che il timer si è fermato, rimuovere il merluzzo e trasferirlo nella padella e rosolare per 1 minuto. Servire su un piatto da portata. Versare il sugo di cottura nella padella e cuocere fino a quando non si sarà ridotto. Aggiungere 1 cucchiaio di burro e mescolare. Ricoprire il merluzzo con la salsa e guarnire con i semi di sesamo. Servire con riso.

Salmone cremoso con salsa di spinaci e senape

Tempo di preparazione + cottura: 55 minuti | Porzioni: 2

iongredients

4 filetti di salmone senza pelle

1 mazzo grande di spinaci

½ tazza di senape di Digione

1 tazza di panna

1 tazza mezza panna e mezza

1 cucchiaio di succo di limone

Sale e pepe nero qb

Indicazioni

Preparare un bagnomaria e inserire il Sous Vide. Impostare a 115 F. Mettere il salmone condito con sale in un sacchetto sigillabile sottovuoto. Rilasciare l'aria con il metodo dello spostamento dell'acqua, sigillare e immergere la sacca nel bagnomaria. Cuocere per 45 minuti.

Riscaldare una pentola a fuoco medio e cuocere gli spinaci finché non si ammorbidiscono. Abbassare la fiamma e versare il succo di limone, pepe e sale. Continua a cucinare. Riscaldare una casseruola a fuoco medio e unire metà panna e metà e senape di Digione. Abbassare la fiamma e cuocere. Condire con sale e pepe. Una volta che il timer si è fermato, rimuovere il salmone e trasferirlo su un piatto. Druzzle con salsa. Servire con gli spinaci.

Capesante alla paprika con insalata fresca

Tempo di preparazione + cottura: 55 minuti | Porzioni: 4

ingredienti

Capesante da 1 libbra

1 cucchiaino di aglio in polvere

½ cucchiaino di cipolla in polvere

½ cucchiaino di paprika

¼ di cucchiaino di pepe di cayenna

Sale e pepe nero qb

insalata

3 tazze di chicchi di mais

½ pinta di pomodorini tagliati a metà

1 peperone rosso a dadini

2 cucchiai di prezzemolo fresco tritato

Vestirsi

1 cucchiaio di basilico fresco

1 limone in quarti

Indicazioni

Preparare un bagnomaria e inserire il Sous Vide. Impostato su 122 F.

Metti le capesante in un sacchetto sigillabile sottovuoto. Condire con sale e pepe. In una ciotola, unisci l'aglio in polvere, la paprika, la cipolla in polvere e il pepe di Caienna. Versare dentro. Rilasciare l'aria con il metodo dello spostamento dell'acqua, sigillare e immergere la sacca nel bagnomaria. Cuocere per 30 minuti.

Nel frattempo, preriscaldare il forno a 400 F. In una teglia, mettere i chicchi di mais e il peperoncino. Cospargere di olio d'oliva e condire con sale e pepe. Cuocere per 5-10 minuti. Trasferire in una ciotola e mescolare con il prezzemolo. In una ciotola, unite bene gli ingredienti del condimento e versateci sopra i chicchi di mais.

Una volta che il timer si è fermato, rimuovere il sacchetto e trasferirlo in una padella calda. Rosolare per 2 minuti ogni lato. Servire su un piatto da portata, le capesante e l'insalata. Guarnire con basilico e spicchio di limone.

Capesante impertinenti con mango

Tempo di preparazione + cottura: 50 minuti | Porzioni: 4

ingredienti

Capesante grandi da 1 libbra

1 cucchiaio di burro

salsa

1 cucchiaio di succo di limone

2 cucchiai di olio d'oliva

Contorno

1 cucchiaio di scorza di lime

1 cucchiaio di scorza d'arancia

1 tazza di mango a dadini

1 peperone serrano tagliato a fettine sottili

2 cucchiai di foglie di menta tritate

Indicazioni

Metti le capesante in un sacchetto sigillabile sottovuoto. Condire con sale e pepe. Lascia raffreddare in frigo tutta la notte. Preparare un bagnomaria e inserire il Sous Vide. Impostare su 122 F. Rilasciare l'aria con il metodo dello spostamento dell'acqua, sigillare e immergere la sacca nel bagnomaria. Cuocere per 15-35 minuti.

Riscalda una padella a fuoco medio. In una ciotola unire bene gli ingredienti della salsa. Una volta che il timer si è fermato, rimuovere le capesante e trasferirle nella padella e rosolarle fino a dorarle. Servire in un piatto. Cospargere la salsa e aggiungere gli ingredienti per guarnire.

Porri e gamberi con vinaigrette alla senape

Tempo di preparazione + cottura: 1 ora e 20 minuti | Porzioni: 4

iongredients

6 porri

5 cucchiai di olio d'oliva

Sale e pepe nero qb

1 scalogno, tritato

1 cucchiaio di aceto di riso

1 cucchiaino di senape di Digione

Gamberetti cotti da 1/3 di libbra

Prezzemolo fresco tritato

Indicazioni

Preparare un bagnomaria e inserire il Sous Vide. Impostato su 183 F.

Tagliare la parte superiore dei porri e rimuovere le parti inferiori. Lavatele in acqua fredda e spolverizzate con 1 cucchiaio di olio d'oliva. Condire con sale e pepe. Mettere in un sacchetto sigillabile sottovuoto. Rilasciare l'aria con il metodo dello spostamento dell'acqua, sigillare e immergere la sacca nel bagnomaria. Cuocere per 1 ora.

Nel frattempo, per la vinaigrette, in una ciotola unire lo scalogno, la senape di Digione, l'aceto e 1/4 di tazza di olio d'oliva. Condire con sale e pepe. Una volta che il timer si è fermato, rimuovere la borsa e trasferirla in un bagno di acqua ghiacciata. Consentire il raffreddamento. Mettere i porri in 4 piatti e aggiustare di sale. Aggiungere i gamberi e condire con la vinaigrette. Guarnire con il prezzemolo.

Zuppa Di Gamberetti Al Cocco

Tempo di preparazione + cottura: 55 minuti | Porzioni: 6

ingredienti

8 gamberetti crudi grandi, pelati e de-venati

1 cucchiaio di burro

Sale e pepe nero qb

Per la zuppa

1 libbra di zucchine

4 cucchiai di succo di lime

2 cipolle gialle, tritate

1-2 peperoncini rossi piccoli, tritati finemente

1 gambo di citronella, solo la parte bianca, tritata

1 cucchiaino di pasta di gamberetti

1 cucchiaino di zucchero

1 tazza e mezzo di latte di cocco

1 cucchiaino di pasta di tamarindo

1 tazza d'acqua

½ tazza di crema al cocco

1 cucchiaio di salsa di pesce

2 cucchiai di basilico fresco tritato

Indicazioni

Preparare un bagnomaria e inserire il Sous Vide. Impostare su 142 F. Mettere i gamberi e il burro in un sacchetto sigillabile sottovuoto. Condire con sale e pepe. Rilasciare l'aria con il metodo dello spostamento dell'acqua, sigillare e immergere la sacca nel bagnomaria. Cuocere per 15-35 minuti.

Nel frattempo, pelare le zucchine e scartare i semi. Taglia a cubetti. In un robot da cucina, aggiungi la cipolla, la citronella, il peperoncino, la pasta di gamberetti, lo zucchero e 1/2 tazza di latte di cocco. Frullare fino a ottenere una purea.

Riscaldare una casseruola a fuoco basso e unire il composto di cipolle, il restante latte di cocco, la pasta di tamarindo e l'acqua. Aggiungere le zucchine e cuocere per 10 minuti.

Una volta che il timer si è fermato, rimuovere i gamberetti e trasferirli nella zuppa. Montare la crema di cocco, il succo di lime e il basilico. Servire in ciotole da zuppa.

Salmone al miele con spaghetti di soba

Tempo di preparazione + cottura: 40 minuti | Porzioni: 4

ingredienti

Salmone

200 g di filetti di salmone, con la pelle

Sale e pepe nero qb

1 cucchiaino di olio di sesamo

1 tazza di olio d'oliva

1 cucchiaio di zenzero fresco, grattugiato

2 cucchiai di miele

Sesame Soba

120 g di spaghetti di soba secchi

1 cucchiaio di olio di vinaccioli

2 spicchi d'aglio, tritati

½ testa di cavolfiore

3 cucchiai di tahini

1 cucchiaino di olio di sesamo

2 cucchiaini di olio d'oliva

¼ di lime spremuto

1 cipolla verde a fettine

¼ di tazza di coriandolo, tritato grossolanamente

1 cucchiaino di semi di papavero tostati

Spicchi di lime per guarnire

Semi di sesamo per guarnire

2 cucchiai di coriandolo tritato

Indicazioni

Preparare un bagnomaria e inserire il Sous Vide. Impostare su 123 F. Condire il salmone con sale e pepe. In una ciotola unire l'olio di sesamo, l'olio d'oliva, lo zenzero e il miele. Mettere il salmone e il composto in un sacchetto sigillabile sottovuoto. Agitare bene. Rilasciare l'aria con il metodo dello spostamento dell'acqua, sigillare e immergere la sacca nel bagnomaria. Cuocere per 20 minuti.

Nel frattempo, prepara le tagliatelle di soba. Scaldare l'olio di vinaccioli in una padella a fuoco alto e soffriggere il cavolfiore e l'aglio per 6-8 minuti. In una ciotola, unisci bene il tahini, l'olio d'oliva, l'olio di sesamo, il succo di lime, il coriandolo, le cipolle verdi ei semi di sesamo tostati. Scolare le tagliatelle e aggiungerle al cavolfiore.

Riscalda una padella a fuoco alto. Coprite con carta da forno. Una volta che il timer si è fermato, rimuovere il salmone e trasferirlo nella padella. Rosolare per 1 minuto. Servire le tagliatelle in due ciotole e aggiungere il salmone. Guarnire con spicchi di lime, semi di papavero e coriandolo.

Aragosta gourmet con maionese

Tempo di preparazione + cottura: 40 minuti | Porzioni: 2

ingredienti

2 code di aragosta

1 cucchiaio di burro

2 cipolle dolci, tritate

3 cucchiai di maionese

Sale qb

Un pizzico di pepe nero

2 cucchiaini di succo di limone

Indicazioni

Preparare un bagnomaria e inserire il Sous Vide. Impostato su 138 F.

Scaldare l'acqua in una casseruola a fuoco alto, fino a ebollizione. Aprire i gusci delle code di aragosta e immergerli nell'acqua. Cuocere per 90 secondi. Trasferimento in un bagno di acqua ghiacciata. Lasciar raffreddare per 5 minuti. Rompi i gusci e rimuovi le code.

Mettere le code con il burro in un sacchetto sigillabile sottovuoto. Rilasciare l'aria con il metodo dello spostamento dell'acqua, sigillare e immergere la sacca nel bagnomaria. Cuocere per 25 minuti.

Una volta che il timer si è fermato, rimuovere le code e asciugare. Sedile da parte. Lascia raffreddare per 30 minuti. In una ciotola, unisci la maionese, le cipolle dolci, il pepe e il succo di limone. Tritare le code, aggiungerle al composto di maionese e mescolare bene. Servire con crostini di pane.

Party Cocktail Di Gamberetti

Tempo di preparazione + cottura: 40 minuti | Porzioni: 2

ingredienti

1 libbra di gamberetti, pelati e puliti

Sale e pepe nero qb

4 cucchiai di aneto fresco, tritato

1 cucchiaio di burro

4 cucchiai di maionese

2 cucchiai di cipolle verdi, tritate

2 cucchiaini di succo di limone appena spremuto

2 cucchiaini di passata di pomodoro

1 cucchiaio di salsa tabasco

4 panini oblunghi

8 foglie di lattuga

½ limone, tagliato a spicchi

Indicazioni

Preparare un bagnomaria e inserire il Sous Vide. Impostare su 149 F. Per il condimento, unire bene la maionese, le cipolle verdi, il succo di limone, la passata di pomodoro e la salsa Tabasco. Condire con sale e pepe.

Mettere i gamberi e il condimento in un sacchetto sigillabile sottovuoto. Aggiungere 1 cucchiaio di aneto e 1/2 cucchiaio di burro in ogni confezione. Rilasciare l'aria con il metodo dello spostamento dell'acqua, sigillare e immergere la sacca nel bagnomaria. Cuocere per 15 minuti.

Preriscaldare il forno a 400 F. e cuocere gli involtini per la cena per 15 minuti. Una volta che il timer si è fermato, rimuovere il sacchetto e scolare. Mettete i gamberi in una ciotola con il condimento e mescolate bene. Servire sopra gli involtini di lattuga con il limone.

Salmone Al Limone Alle Erbe

Tempo di preparazione + cottura: 45 minuti | Porzioni: 2

ingredienti

2 filetti di salmone senza pelle

Sale e pepe nero qb

¾ tazza di olio extravergine di oliva

1 scalogno, tagliato a rondelle sottili

1 cucchiaio di foglie di basilico, leggermente tritate

1 cucchiaino di pimento

3 once di verdure miste

1 limone

Indicazioni

Preparare un bagnomaria e inserire il Sous Vide. Impostato su 128 F.

Mettere il salmone e condire con sale e pepe in un sacchetto sigillabile sottovuoto. Aggiungere gli anelli di scalogno, l'olio d'oliva, il pimento e il basilico. Rilasciare l'aria con il metodo dello spostamento dell'acqua, sigillare e immergere la sacca nel bagnomaria. Cuocere per 25 minuti.

Una volta che il timer si è fermato, rimuovere la busta e trasferire il salmone su un piatto. Mescolare il sugo di cottura con un po 'di succo di limone e filetti di salmone superiori. Servire.

Code di aragosta saporite al burro

Tempo di preparazione + cottura: 1 ora e 10 minuti | Porzioni: 2

ingredienti

8 cucchiai di burro

2 code di aragosta, gusci rimossi

2 rametti di dragoncello fresco

2 cucchiai di salvia

Sale qb

spicchi di limone

Indicazioni

Preparare un bagnomaria e inserire il Sous Vide. Impostato su 134 F.

Mettere le code di aragosta, il burro, il sale, la salvia e il dragoncello in un sacchetto sigillabile sottovuoto. Rilasciare l'aria con il metodo dello spostamento dell'acqua, sigillare e immergere la sacca nel bagnomaria. Cuocere per 60 minuti.

Una volta che il timer si è fermato, rimuovere la busta e trasferire l'aragosta su un piatto. Cospargere di burro sopra. Guarnire con spicchi di limone.

Salmone tailandese con cavolfiore e pasta all'uovo

Tempo di preparazione + cottura: 55 minuti | Porzioni: 2

ingredienti

2 filetti di salmone con la pelle

Sale e pepe nero qb

1 cucchiaio di olio d'oliva

4½ cucchiai di salsa di soia

2 cucchiai di zenzero fresco tritato

2 peperoncini tailandesi affettati sottilmente

6 cucchiai di olio di sesamo

4 once di spaghetti all'uovo preparati

200 g di cimette di cavolfiore cotte

5 cucchiaini di semi di sesamo

Indicazioni

Preparare un bagnomaria e inserire il Sous Vide. Impostare a 149 F. Preparare una teglia rivestita con carta stagnola e mettere il salmone, aggiustare di sale e pepe e coprire con un altro foglio di alluminio. Cuocere in forno per 30 minuti.

Trasferisci il salmone al forno in un sacchetto sigillabile sottovuoto. Rilasciare l'aria con il metodo dello spostamento dell'acqua, sigillare e immergere la sacca nel bagnomaria. Cuocere per 8 minuti.

In una ciotola, mescola lo zenzero, i peperoncini, 4 cucchiai di salsa di soia e 4 cucchiai di olio di sesamo. Una volta che il timer si è fermato, rimuovere la busta e trasferire il salmone in una ciotola di noodle. Guarnire con semi tostati e pelle di salmone. Cospargere con la salsa allo zenzero e peperoncini e servire.

Spigola leggera con aneto

Tempo di preparazione + cottura: 35 minuti | Porzioni: 3

ingredienti

Spigola cilena da 1 libbra, senza pelle

1 cucchiaio di olio d'oliva

Sale e pepe nero qb

1 cucchiaio di aneto

Indicazioni

Preparare un bagnomaria e inserire il Sous Vide. Impostare a 134 F. Condire la spigola con sale e pepe e metterla in un sacchetto sigillabile sottovuoto. Aggiungere l'aneto e l'olio d'oliva. Rilasciare l'aria con il metodo dello spostamento dell'acqua, sigillare e immergere la sacca nel bagnomaria. Cuocere per 30 minuti. Una volta che il timer si è fermato, rimuovere il sacchetto e trasferire la spigola su un piatto.

Gamberetti al peperoncino dolce saltati in padella

Tempo di preparazione + cottura: 40 minuti | Porzioni: 6

ingredienti

1 ½ libbra di gamberetti

3 peperoncini rossi secchi

1 cucchiaio di zenzero grattugiato

6 spicchi d'aglio, schiacciati

2 cucchiai di vino champagne

1 cucchiaio di salsa di soia

2 cucchiaini di zucchero

½ cucchiaino di amido di mais

3 cipolle verdi, tritate

Indicazioni

Preparare un bagnomaria e inserire il Sous Vide. Impostato su 135 F.

Unisci lo zenzero, gli spicchi d'aglio, i peperoncini, lo champagne, lo zucchero, la salsa di soia e la maizena. Mettere i gamberi sgusciati con il composto in un sacchetto sigillabile sottovuoto. Rilasciare l'aria con il metodo dello spostamento dell'acqua, sigillare e immergere nel bagno d'acqua. Cuocere per 30 minuti.

Metti le cipolle verdi in una padella a fuoco medio. Aggiungere l'olio e cuocere per 20 secondi. Una volta che il timer si è fermato, rimuovere i gamberi cotti e trasferirli in una ciotola. Guarnire con la cipolla. Servire con riso.

Gamberetti tailandesi fruttati

Tempo di preparazione + cottura: 25 minuti | Porzioni: 4

ingredienti

2 libbre di gamberetti, pelati e puliti

4 pezzi di papaia sbucciata e sminuzzata

2 scalogni, affettati

¾ tazza di pomodorini, tagliati a metà

2 cucchiai di basilico tritato

¼ di tazza di arachidi tostate a secco

Condimento tailandese

¼ di tazza di succo di lime

6 cucchiai di zucchero

5 cucchiai di salsa di pesce

4 spicchi d'aglio

4 peperoncini rossi piccoli

Indicazioni

Preparare un bagnomaria e inserire il Sous Vide. Impostare su 135 F. Posizionare i gamberetti in un sacchetto sigillabile sottovuoto. Rilasciare l'aria con il metodo dello spostamento dell'acqua, sigillare e immergere la sacca nel bagnomaria. Cuocere per 15 minuti. Unire bene in una ciotola il succo di lime, la salsa di pesce e lo zucchero. Schiaccia l'aglio e i peperoncini. Aggiungere alla miscela di condimento.

Una volta che il timer si è fermato, rimuovere i gamberetti dal sacchetto e trasferirli in una ciotola. Aggiungere la papaia, il basilico Thain, lo scalogno, il pomodoro e le arachidi. Glassare con il condimento.

Piatto di gamberetti al limone in stile Dublino

Tempo di preparazione + cottura: 1 ora e 15 minuti | Porzioni: 4

ingredienti

4 cucchiai di burro

2 cucchiai di succo di lime

2 spicchi d'aglio fresco, tritati

1 cucchiaino di scorza di lime fresca

Sale e pepe nero qb

Gamberetti jumbo da 1 libbra, pelati e de-venati

½ tazza di pangrattato panko

1 cucchiaio di prezzemolo fresco tritato

Indicazioni

Preparare un bagnomaria e inserire il Sous Vide. Impostato su 135 F.

Scalda 3 cucchiai di burro in una padella a fuoco medio e aggiungi il succo di lime, sale, pepe, aglio e scorza. Lasciar raffreddare per 5 minuti. Mettere i gamberi e il composto in un sacchetto sigillabile sottovuoto. Rilasciare l'aria con il metodo dello spostamento dell'acqua, sigillare e immergere la sacca nel bagnomaria. Cuocere per 30 minuti.

Nel frattempo, scaldare il burro in una padella a fuoco medio e tostare il pangrattato di panko. Una volta che il timer si è fermato, togliere i gamberi e trasferirli in una pentola calda a fuoco alto e cuocere con il sugo di cottura. Servire in 4 ciotole e guarnire con il pangrattato.

Capesante succose con salsa all'aglio e peperoncino

Tempo di preparazione + cottura: 75 minuti | Porzioni: 2

ingredienti

2 cucchiai di curry giallo in polvere

1 cucchiaio di concentrato di pomodoro

½ tazza di crema al cocco

1 cucchiaino di salsa piccante all'aglio

1 cucchiaio di succo di limone

6 capesante

Riso integrale cotto, per servire

Coriandolo fresco, tritato

Indicazioni

Preparare un bagnomaria e inserire il Sous Vide. Impostato su 134 F.

Unisci la crema di cocco, il concentrato di pomodoro, il curry in polvere, il succo di lime e la salsa al peperoncino e aglio. Mettere il composto con le capesante in un sacchetto sigillabile sottovuoto. Rilasciare l'aria con il metodo dello spostamento dell'acqua, sigillare e immergere la sacca nel bagnomaria. Cuocere per 60 minuti.

Una volta che il timer si è fermato, rimuovere la busta e trasferirla su un piatto. Servire il riso integrale e guarnire con le capesante. Guarnire con il coriandolo.

Gamberetti al curry con tagliatelle

Tempo di preparazione + cottura: 25 minuti | Porzioni: 2

ingredienti

1 libbra di gamberetti, a coda

8 once di vermicelli tagliatelle, cotte e scolate

1 cucchiaino di vino di riso

1 cucchiaino di curry in polvere

1 cucchiaio di salsa di soia

1 cipolla verde, affettata

2 cucchiai di olio vegetale

Indicazioni

Preparare un bagnomaria e inserire il Sous Vide. Impostare su 149 F. Posizionare i gamberetti in un sacchetto sigillabile sottovuoto. Rilasciare l'aria con il metodo dello spostamento dell'acqua, sigillare e immergere la sacca nel bagnomaria. Cuocere per 15 minuti.

Scaldare l'olio in una padella a fuoco medio e aggiungere il vino di riso, il curry in polvere e la salsa di soia. Mescolare bene e unire le tagliatelle. Una volta che il timer si è fermato, rimuovere i gamberetti e trasferirli nella miscela di noodle. Guarnire con cipolla verde.

Merluzzo cremoso salato con prezzemolo

Tempo di preparazione + cottura: 40 minuti | Porzioni: 6

ingredienti

Per Cod

6 filetti di merluzzo

Sale qb

1 cucchiaio di olio d'oliva

3 rametti di prezzemolo fresco

per la salsa

1 tazza di vino bianco

1 tazza mezza panna e mezza

1 cipolla bianca tritata finemente

2 cucchiai di aneto, tritato

2 cucchiaini di pepe nero in grani

Indicazioni

Preparare un bagnomaria e inserire il Sous Vide. Impostato su 148 F.

Mettere condito con i filetti di baccalà in sacchetti sigillabili sottovuoto. Aggiungere l'olio d'oliva e il prezzemolo. Rilasciare l'aria con il metodo dello spostamento dell'acqua, sigillare e immergere la sacca nel bagnomaria. Cuocere per 30 minuti.

Riscaldare una casseruola a fuoco medio, aggiungere il vino, la cipolla, i grani di pepe nero e cuocere finché non si sarà ridotto. Mescolare metà panna e metà fino a quando non si sarà addensata. Una volta che il timer si è fermato, impiattare il pesce e condirlo con la salsa.

Pot de Rillettes francese con salmone

Tempo di preparazione + cottura: 2 ore e 30 minuti | Porzioni: 2

ingredienti

½ libbra di filetti di salmone, senza pelle

1 cucchiaino di sale marino

6 cucchiai di burro

1 cipolla, tritata

1 spicchio d'aglio, tritato

1 cucchiaio di succo di lime

Indicazioni

Preparare un bagnomaria e inserire il Sous Vide. Impostare a 130 F. Mettere il salmone, il burro non salato, il sale marino, gli spicchi d'aglio, la cipolla e il succo di limone in un sacchetto sigillabile sottovuoto. Rilasciare l'aria con il metodo dello spostamento dell'acqua, sigillare e immergere la sacca nel bagnomaria. Cuocere per 20 minuti.

Una volta che il timer si è fermato, rimuovere il salmone e trasferirlo in 8 ciotoline. Condire con i succhi di cottura. Lasciar raffreddare in frigorifero per 2 ore. Servire con fette di pane tostato.

Salmone alla salvia con purè di patate al cocco

Tempo di preparazione + cottura: 1 ora e 30 minuti | Porzioni: 2

ingredienti

2 filetti di salmone, con la pelle

2 cucchiai di olio d'oliva

2 rametti di salvia

4 spicchi d'aglio

3 patate, pelate e tritate

¼ di tazza di latte di cocco

1 mazzetto di bietole arcobaleno

1 cucchiaio di zenzero grattugiato

1 cucchiaio di salsa di soia

Sale marino qb

Indicazioni

Preparare un bagnomaria e inserire il Sous Vide. Impostare su 122 F. Mettere il salmone, la salvia, l'aglio e l'olio d'oliva in un sacchetto sigillabile sottovuoto. Rilasciare l'aria con il metodo dello spostamento dell'acqua, sigillare e immergere la sacca nel bagnomaria. Cuocere per 1 ora.

Riscaldare un forno a 375 F. Spennellare le patate con olio e infornare per 45 minuti. Trasferisci le patate in un frullatore e aggiungi il latte di cocco. Condire con sale e pepe. Frullare per 3 minuti, fino a che liscio.

Scaldare l'olio d'oliva in una padella a fuoco medio e rosolare lo zenzero, la bietola e la salsa di soia.

Una volta che il timer si è fermato, rimuovere il salmone e trasferirlo in una padella calda. Rosolare per 2 minuti. Trasferire in un piatto, aggiungere la purea di patate e guarnire con il salmerino per servire.

Ciotola di polpo all'aneto

Tempo di preparazione + cottura: 60 minuti | Porzioni: 4

ingredienti

Polpo da 1 libbra

1 cucchiaio di olio d'oliva

1 cucchiaio di succo di limone appena spremuto

Sale e pepe nero qb

1 cucchiaio di aneto

Indicazioni

Preparare un bagnomaria e inserire il Sous Vide. Impostare a 134 F. Posizionare il polpo in un sacchetto sigillabile sottovuoto. Rilasciare l'aria con il metodo dello spostamento dell'acqua, sigillare e immergere la sacca nel bagnomaria. Cuocere per 50 minuti. Una volta che il timer si è fermato, rimuovere il polpo e asciugarlo tamponando. Mescolare il polpo con un filo d'olio d'oliva e succo di limone. Condire con sale, pepe e aneto.

Salmone salato in salsa olandese

Tempo di preparazione + cottura: 1 ora e 50 minuti | Porzioni: 4

iongredients

4 filetti di salmone

Sale qb

<u>salsa olandese</u>

4 cucchiai di burro

1 tuorlo d'uovo

1 cucchiaino di succo di limone

1 cucchiaino d'acqua

½ scalogno tagliato a dadini

Un pizzico di paprika

Indicazioni

Condisci il salmone con sale. Lascia raffreddare per 30 minuti. Preparare un bagnomaria e inserire il Sous Vide. Impostare su 148 F. Mettere tutti gli ingredienti della salsa in un sacchetto sigillabile sottovuoto. Rilasciare l'aria con il metodo dello spostamento dell'acqua, sigillare e immergere la sacca nel bagnomaria. Cuocere per 45 minuti.

Una volta che il timer si è fermato, rimuovere la borsa. Mettere da parte. Abbassare la temperatura del Sous Vide a 120 F e mettere il salmone in un sacchetto sigillabile sottovuoto. Rilasciare l'aria con il metodo dello spostamento dell'acqua, sigillare e immergere la sacca nel bagnomaria. Cuocere per 30 minuti. Trasferire la salsa in un frullatore e mescolare fino a quando non diventa giallo chiaro. Una volta che il timer si è fermato, rimuovere il salmone e asciugarlo tamponando. Servite condite con la salsa.

Salmone al limone con basilico

Tempo di preparazione + cottura: 35 minuti | Porzioni: 4

ingredienti

2 libbre di salmone

2 cucchiai di olio d'oliva

1 cucchiaio di basilico tritato

Scorza di 1 limone

Succo di 1 limone

¼ di cucchiaino di aglio in polvere

Sale marino e pepe nero qb

Indicazioni

Preparare un bagnomaria e inserire il Sous Vide. Impostare su 115 F. Posizionare il salmone in un sacchetto sigillabile sottovuoto. Rilasciare l'aria con il metodo dello spostamento dell'acqua, sigillare e immergere la sacca nel bagnomaria. Cuocere per 30 minuti.

Nel frattempo, in una ciotola unire bene il pepe, il sale, il basilico, il succo di limone e l'aglio in polvere fino a quando non sarà emulsionato. Una volta che il timer si è fermato, rimuovere il salmone e trasferirlo su un piatto. Riserva i succhi di cottura. Scaldare l'olio d'oliva in una padella a fuoco alto e rosolare le fettine di aglio. Metti da parte l'aglio. Mettere il salmone nella padella e cuocere per 3 minuti fino a doratura. Impiattare e guarnire con le fettine di aglio.

Bocconcini con salmone e asparagi

Tempo di preparazione + cottura: 70 minuti | Porzioni: 6

ingredienti

6 uova intere

¼ di tazza di crème fraiche

¼ di tazza di formaggio di capra

4 lance di asparagi

2 once di salmone affumicato

60 g di formaggio chèvre

½ oz scalogno tritato

2 cucchiaini di aneto fresco tritato

Sale e pepe nero qb

Indicazioni

Preparare un bagnomaria e inserire il Sous Vide. Impostare a 172 F. Frullare le uova, la panna, il formaggio di capra e il sale. Tagliate a dadini gli asparagi e aggiungeteli al composto con lo scalogno. Tagliare il salmone e aggiungerlo alla ciotola. Aggiungi l'aneto. Combina bene.

Aggiungere la miscela di uova e salmone in 6 barattoli. Aggiungere 1/6 di chevre nei barattoli, sigillare e immergere i barattoli a bagnomaria. Cuocere per 60 minuti. Una volta che il timer si è fermato, rimuovere i barattoli e aggiungere il sale.

CPSIA information can be obtained
at www.ICGtesting.com
Printed in the USA
LVHW080918010621
689024LV00014B/1292